FLASH MOVED Nueva modalidad!!

Flash Moved es la revolución del Arte Fotográfico

Consiste en hacer un graffiti con la cámara de fotos. ¿Cómo? Pues es más complicado de lo que parece, pero a su vez engancha un huevo. Se trata de mover la cámara, mientras la cámara saca la foto con una técnica especial recién inventada, que consigue plasmar la firma, el grafo, o el sinbolo que se desee producir dentro de la ilustración.

Otros verán una foto movida, pero los que saben de arte verán arte en esta nueva modalidad, llamada Flash Moved. Creada el año 2010, por un tipo llamado Inhar Goienetxea.

Piensa que una foto de flash moved es una foto con movimiento, y esto representa una imagen de la cuarta dimensión, donde el tiempo existe como algo físico, podemos apreciar nuestra materia como fundida. La longitud de cada línea en la foto equivale al espacio y el tiempo que tarda la cámara en sacar la foto equivaldría al tiempo. (espacio y tiempo)

Es como escribir tu firma en el aire con una cámara. Un ejemplo: Se busca la luz de una farola con el contraste de la oscuridad de la noche al fondo. Clickeas para sacar la foto y comienzas a escribir.
Mientras la cámara procesa la imagen de la foto, el fotografo moverá la cámara para grabar su grafo. Para usar bien esta técnica, hace falta saber escribir al revés. Y no solo de derecha a izquierda, sino también de abajo a arriba. Porque al mover la cámara hacia la derecha, la luz que destaca en la imagen, dibujará una línea desde el centro hacia la izquierda. Ocurre lo mismo al mover la cámara hacía arriba, donde la luz que se destaca en la imagen se mueve en dirección contraria, dibujando una línea hacia abajo.

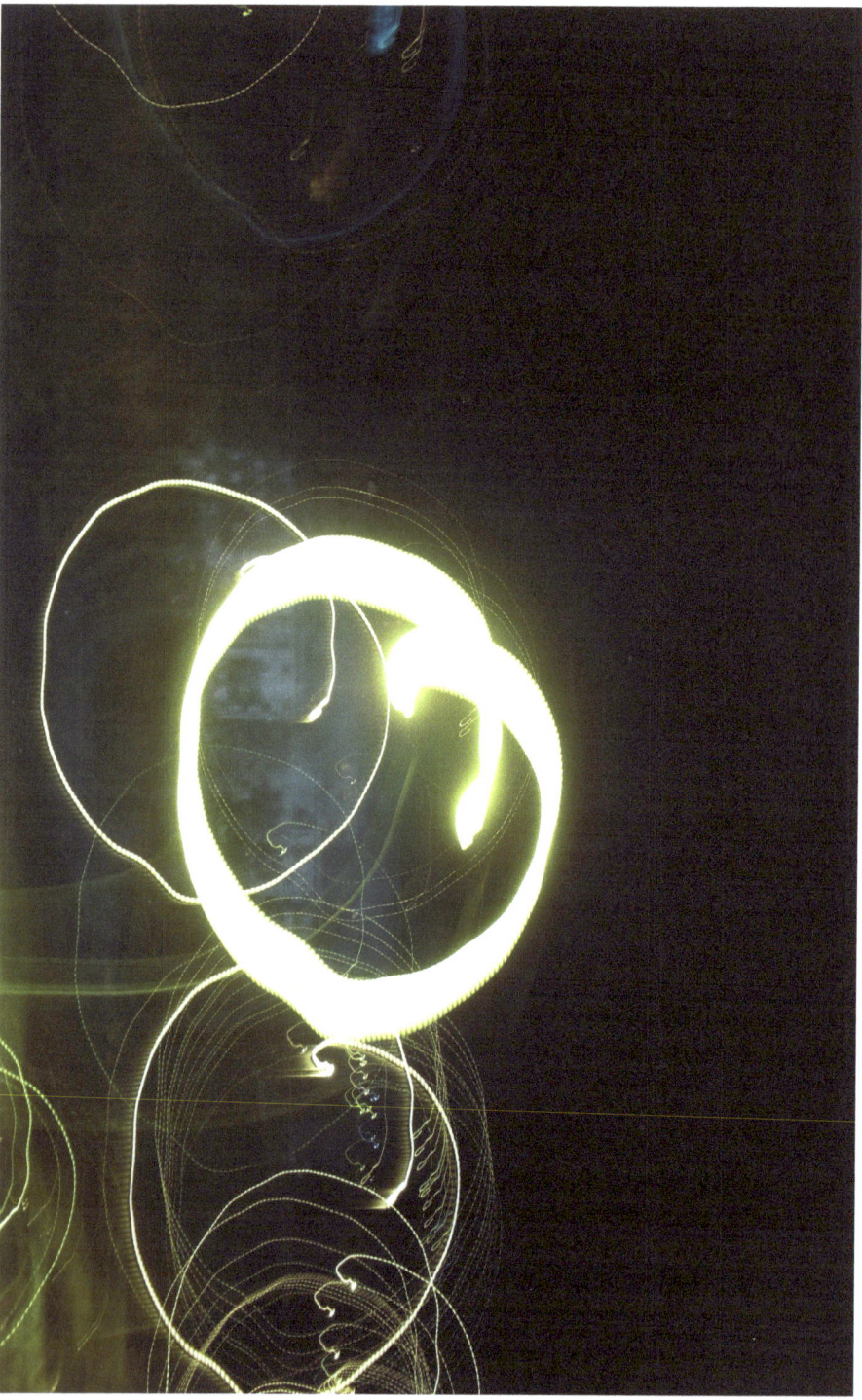

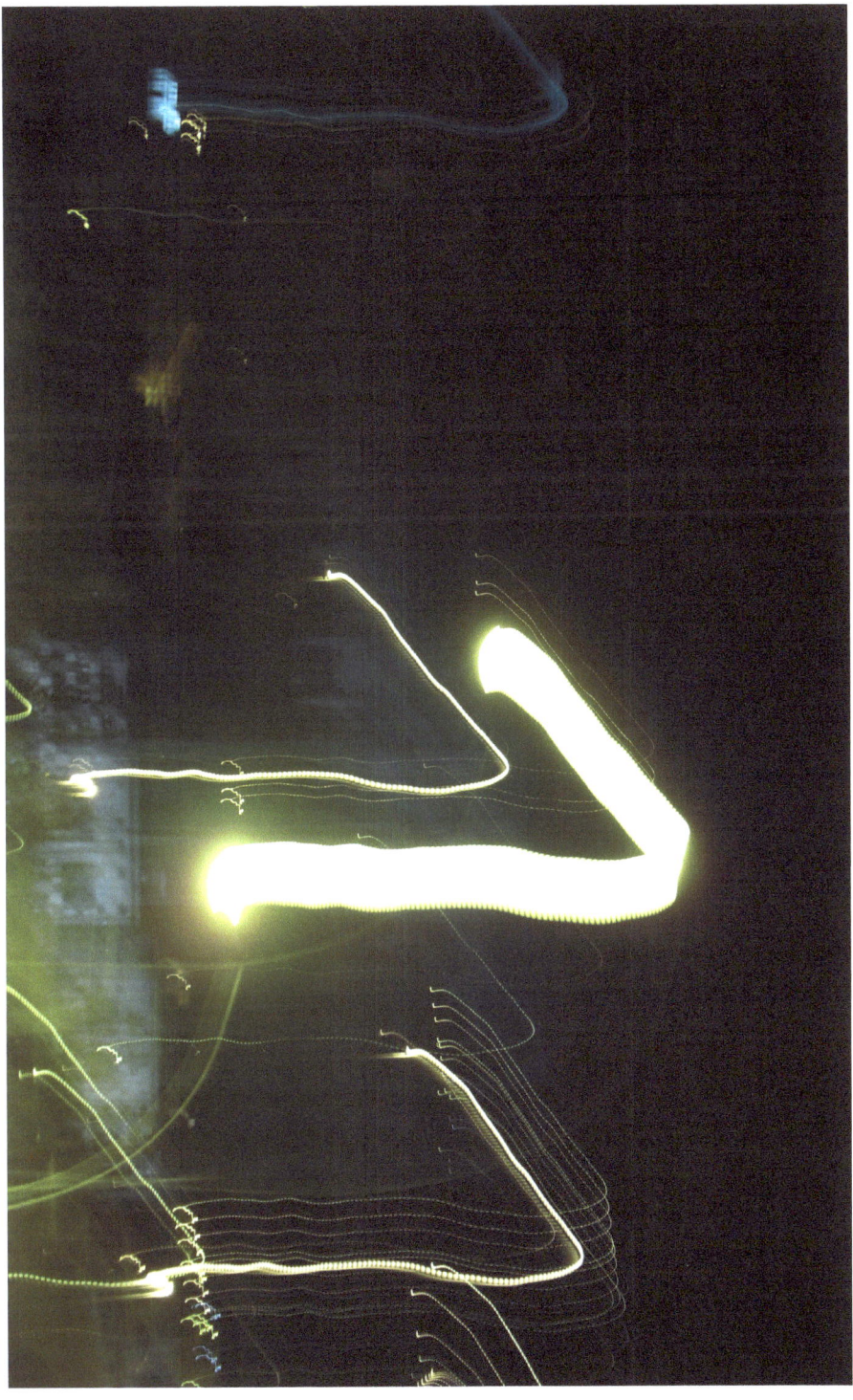

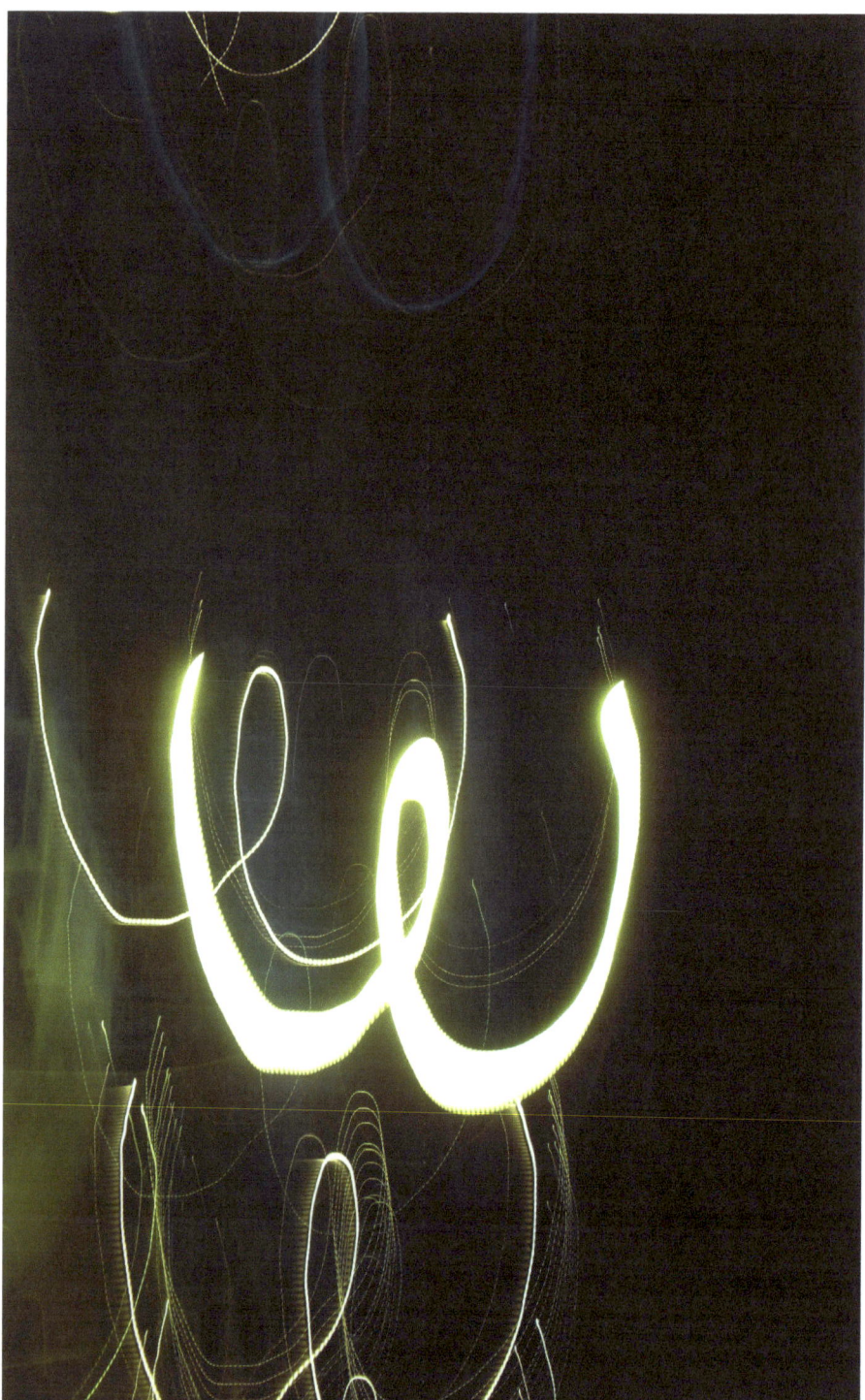

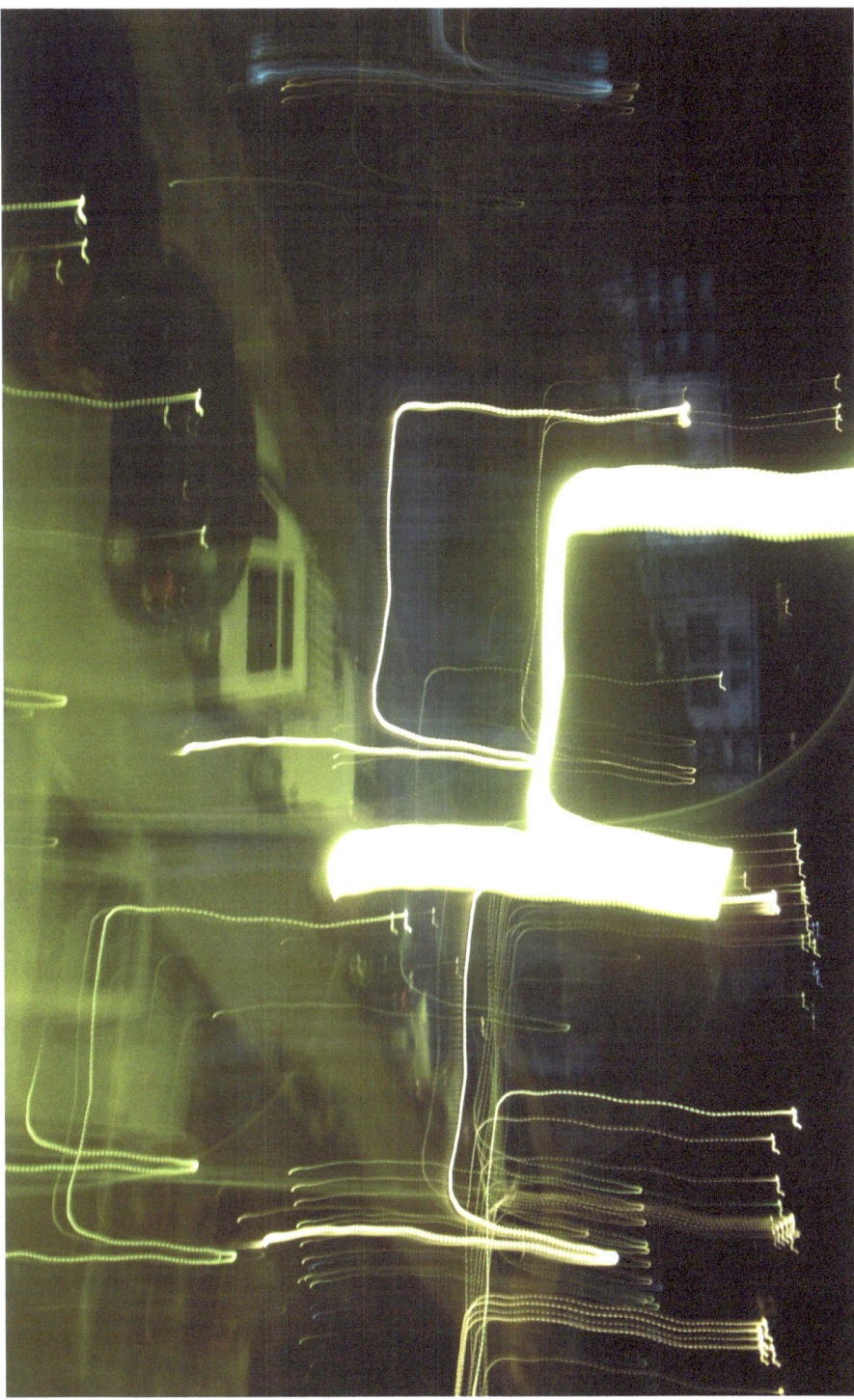

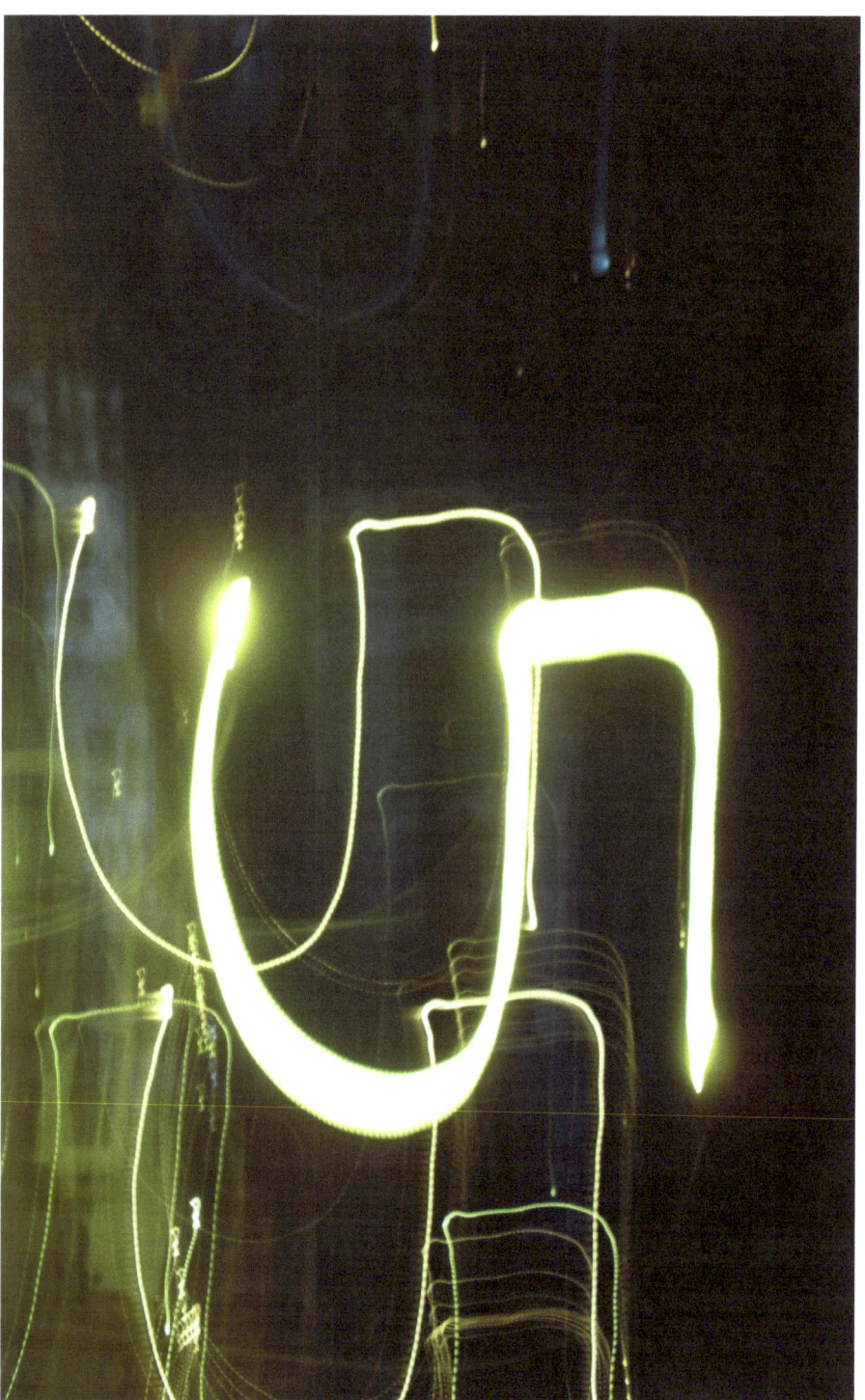

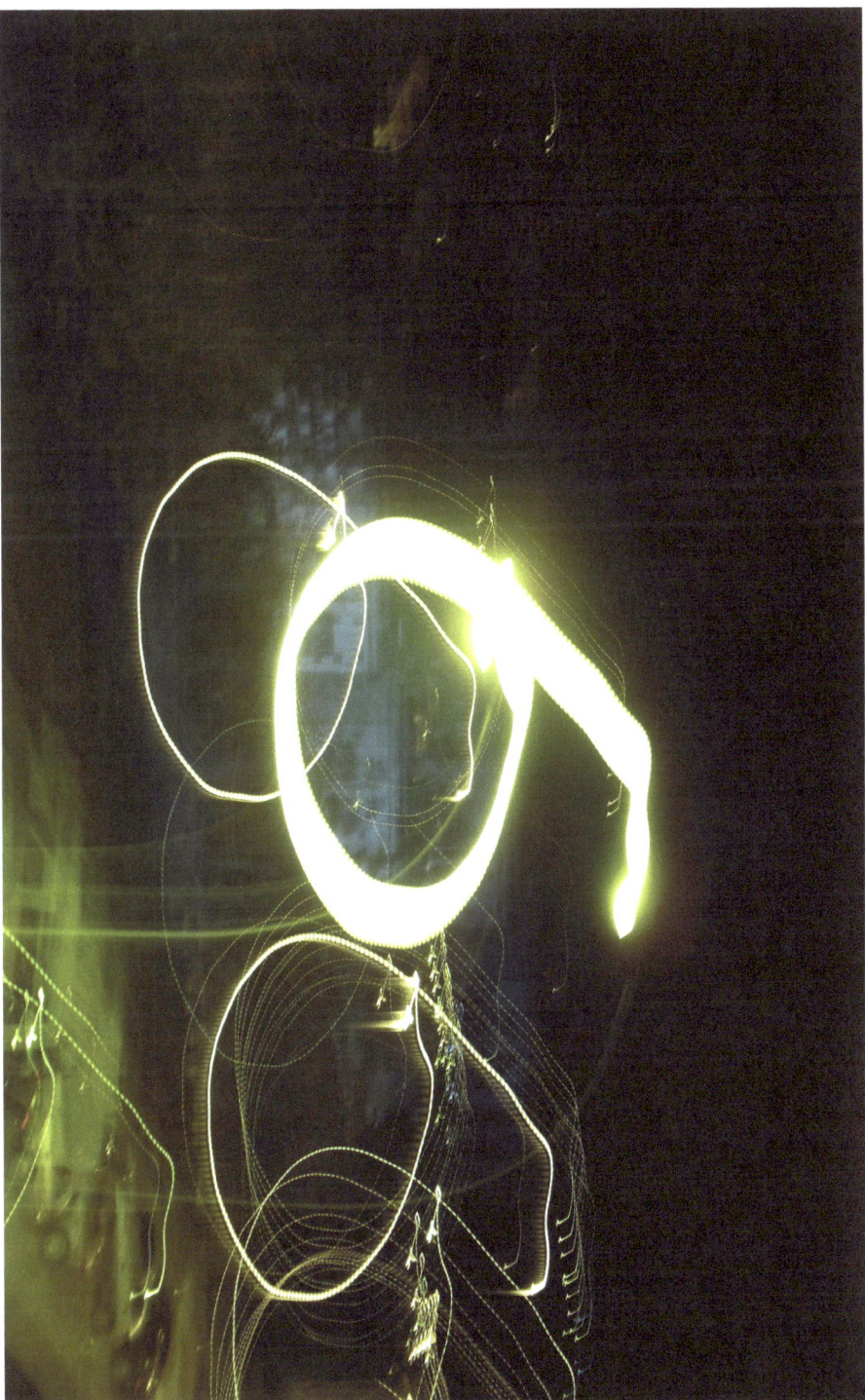

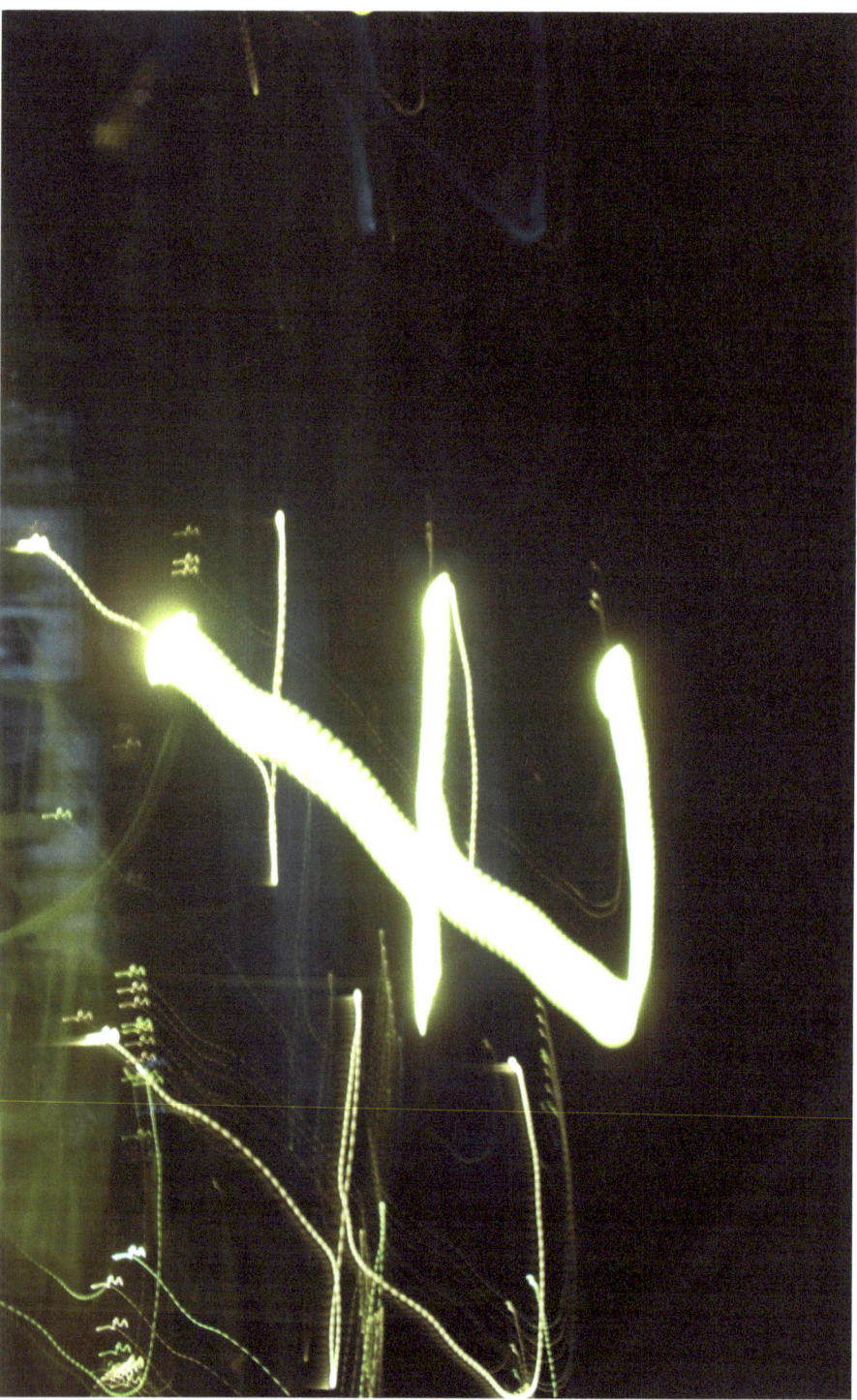

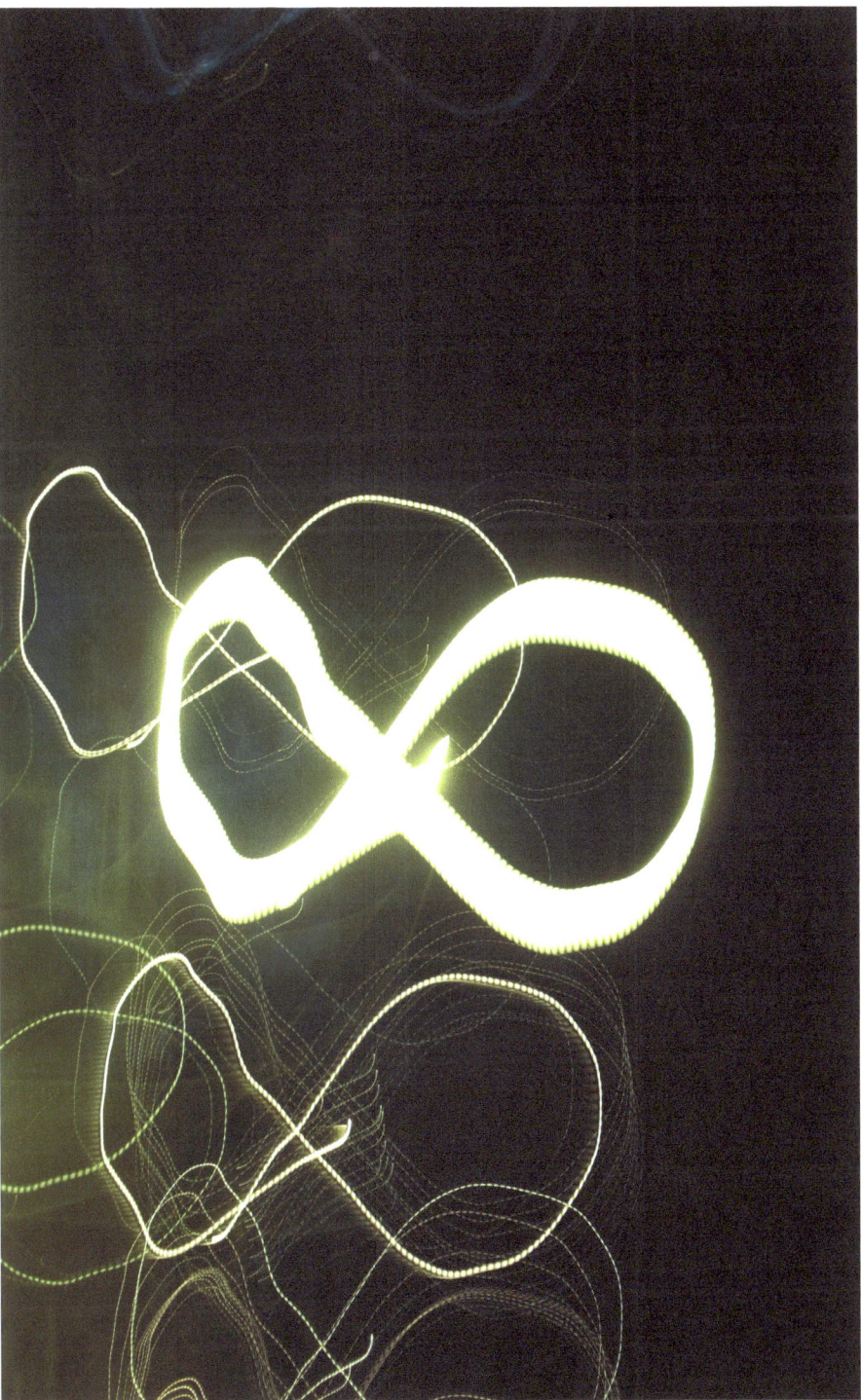

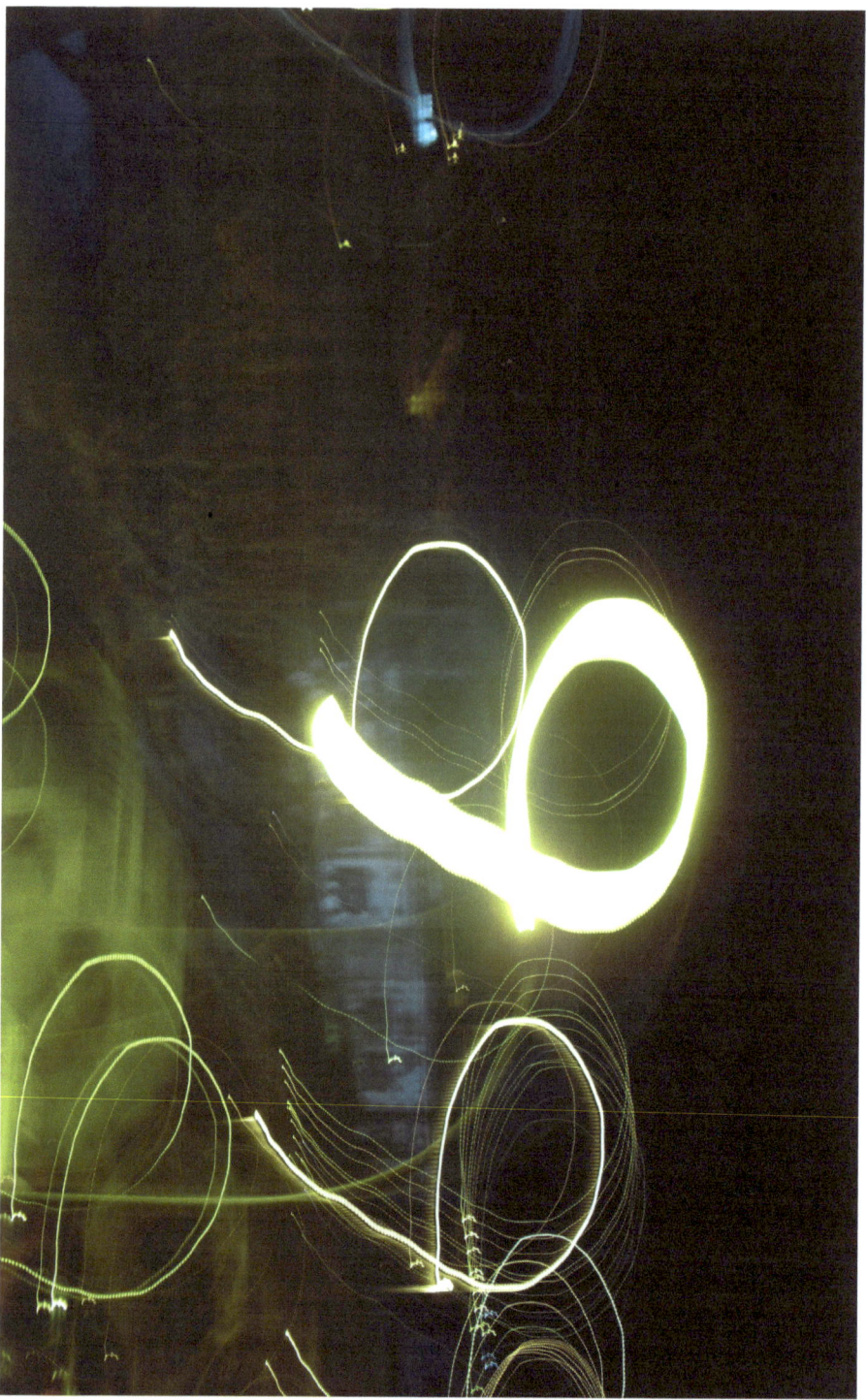

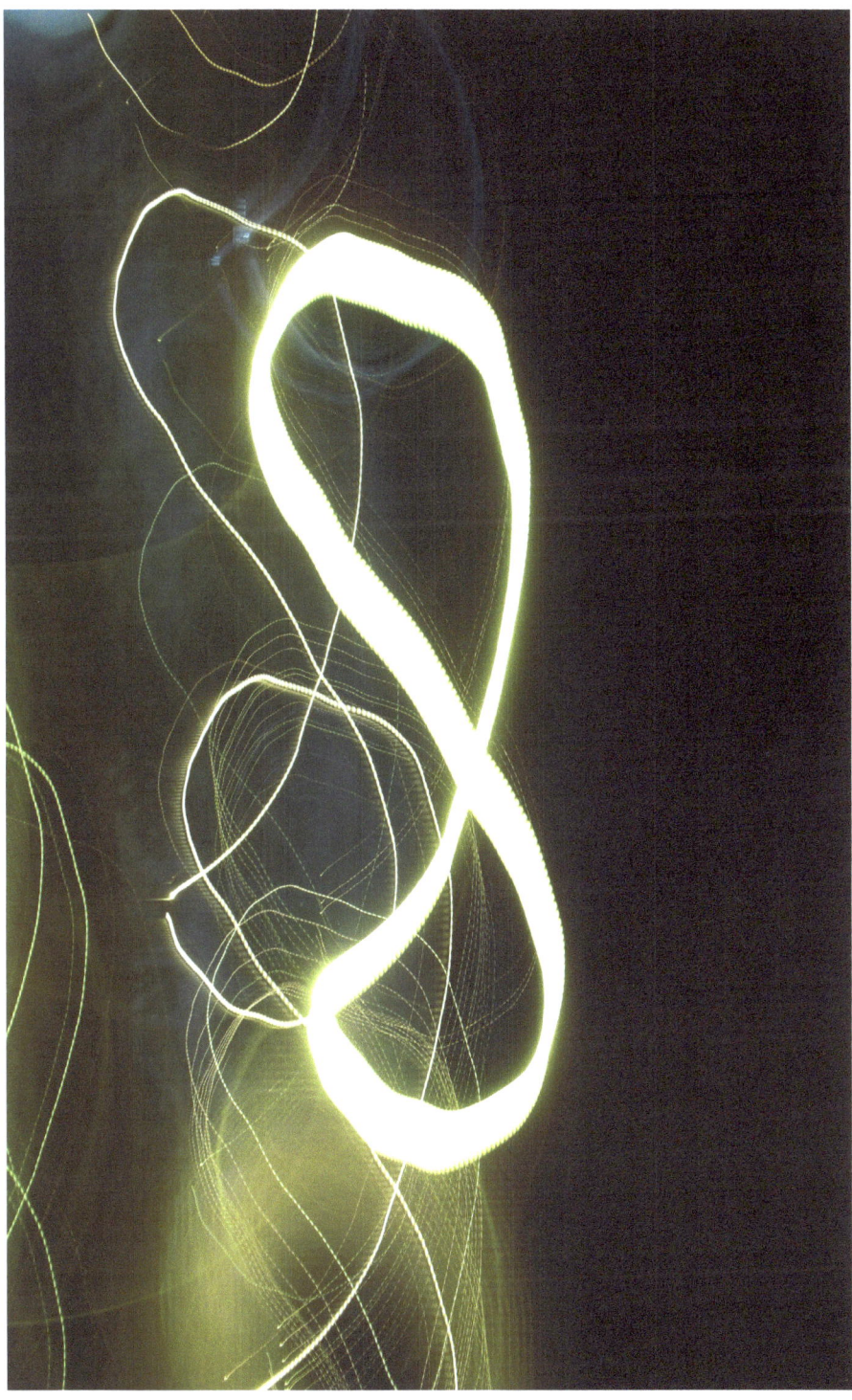

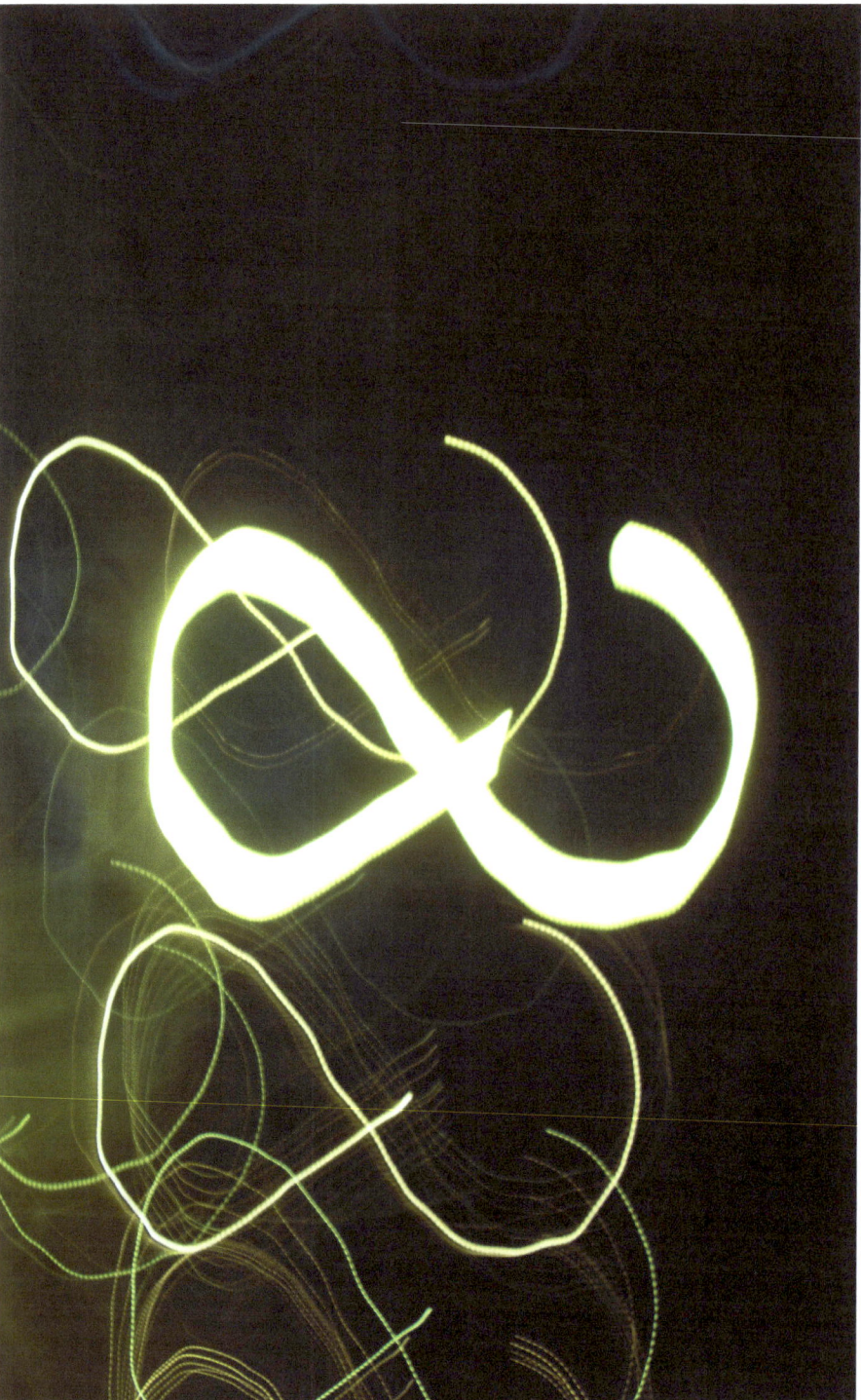

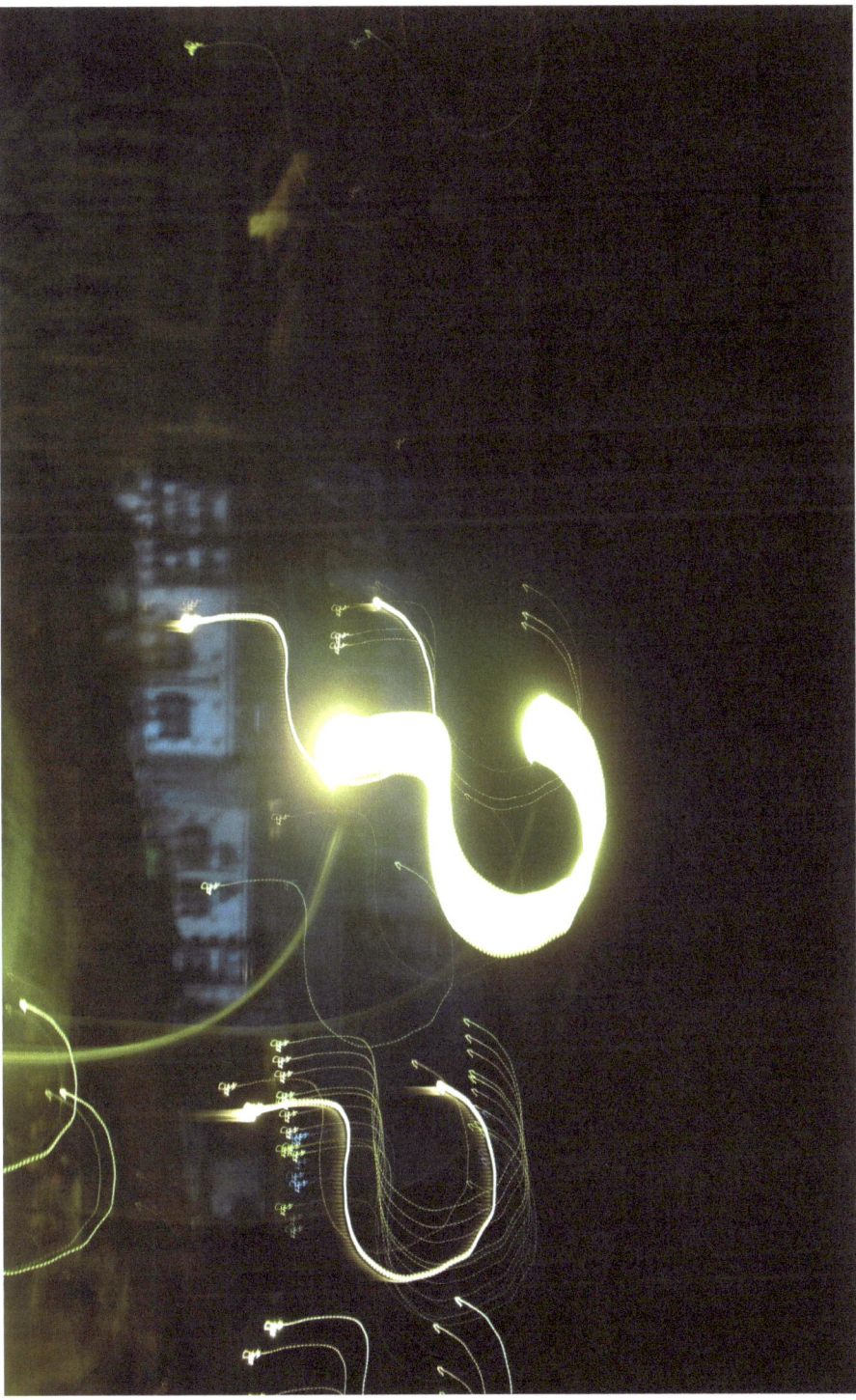

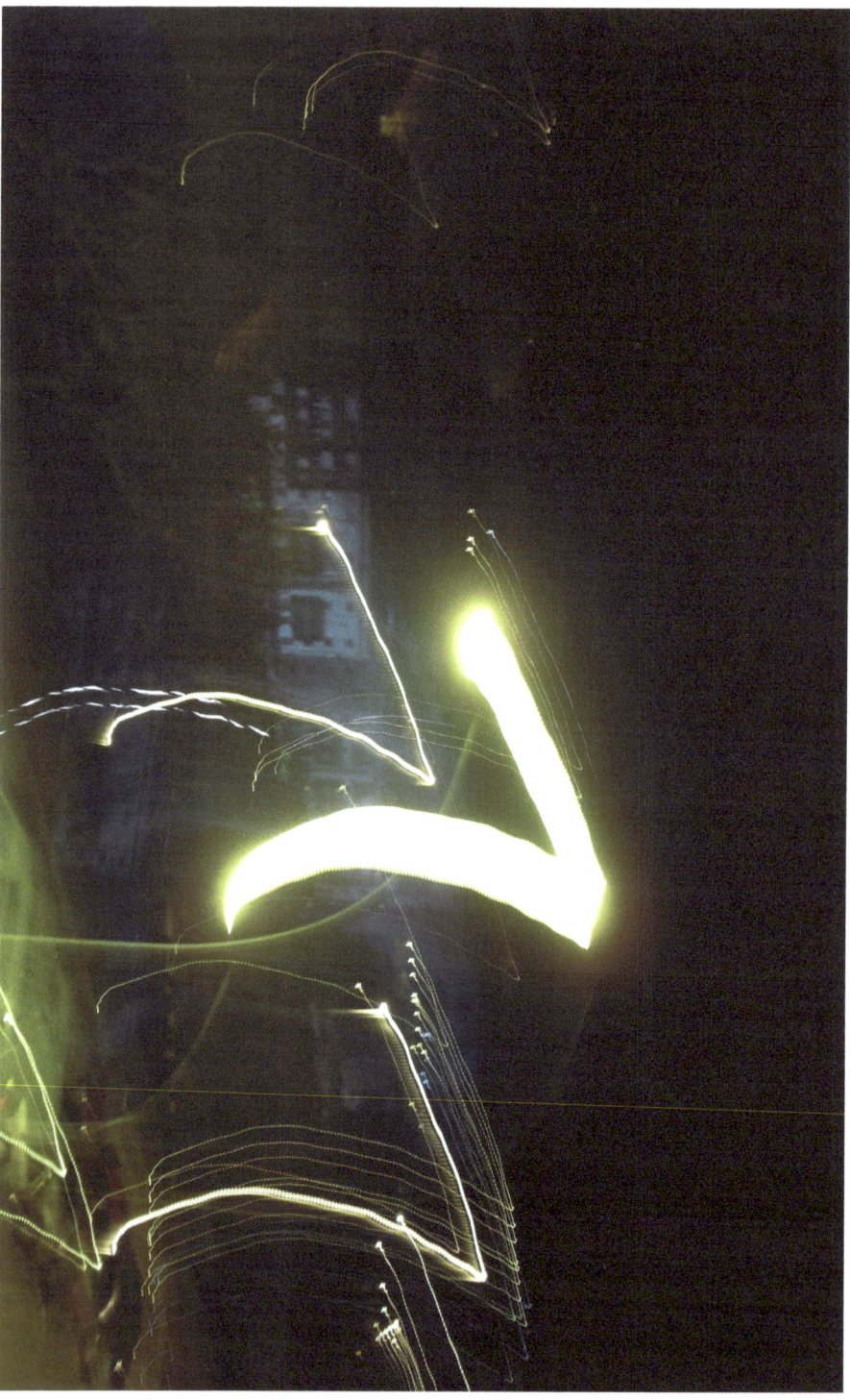

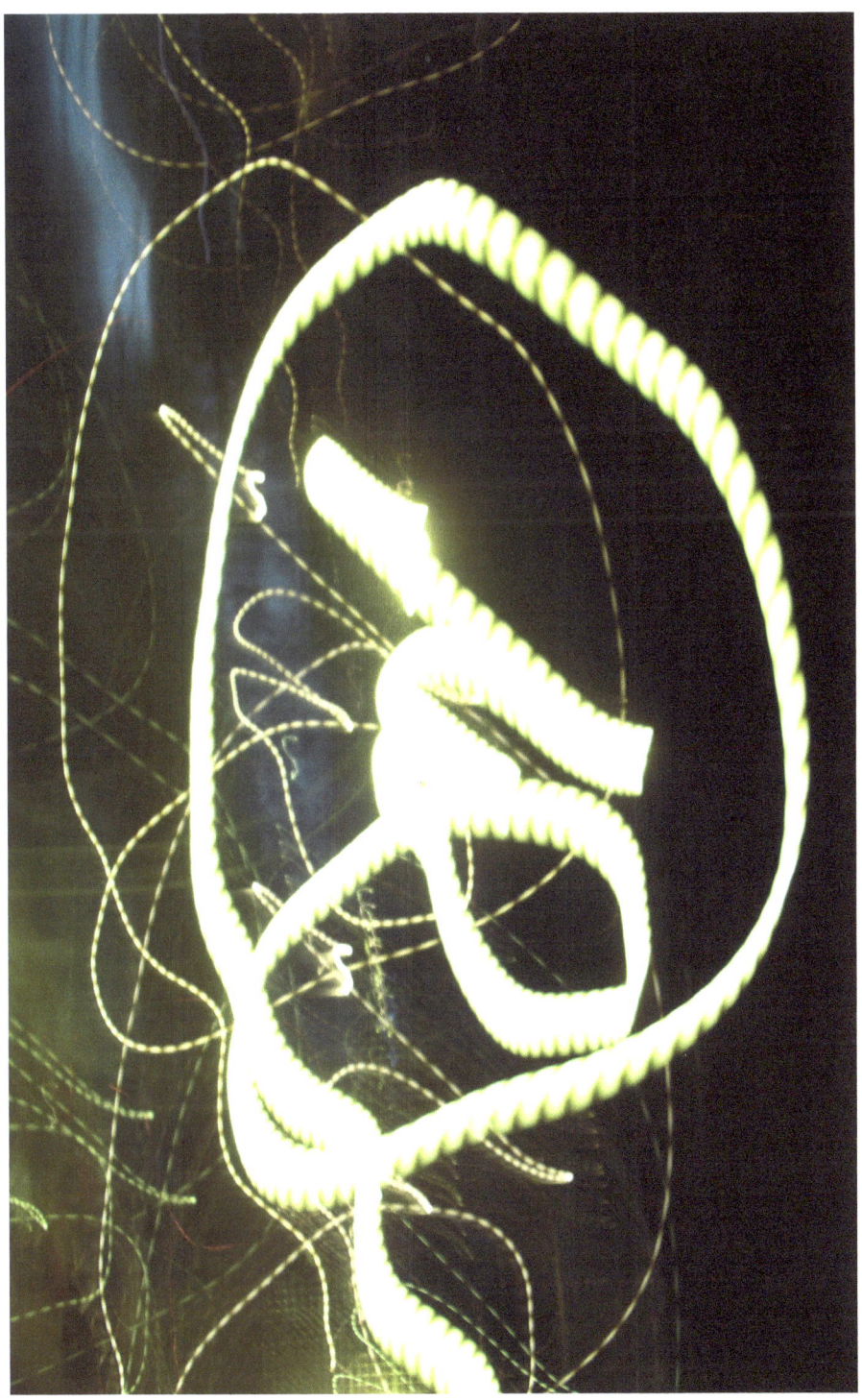

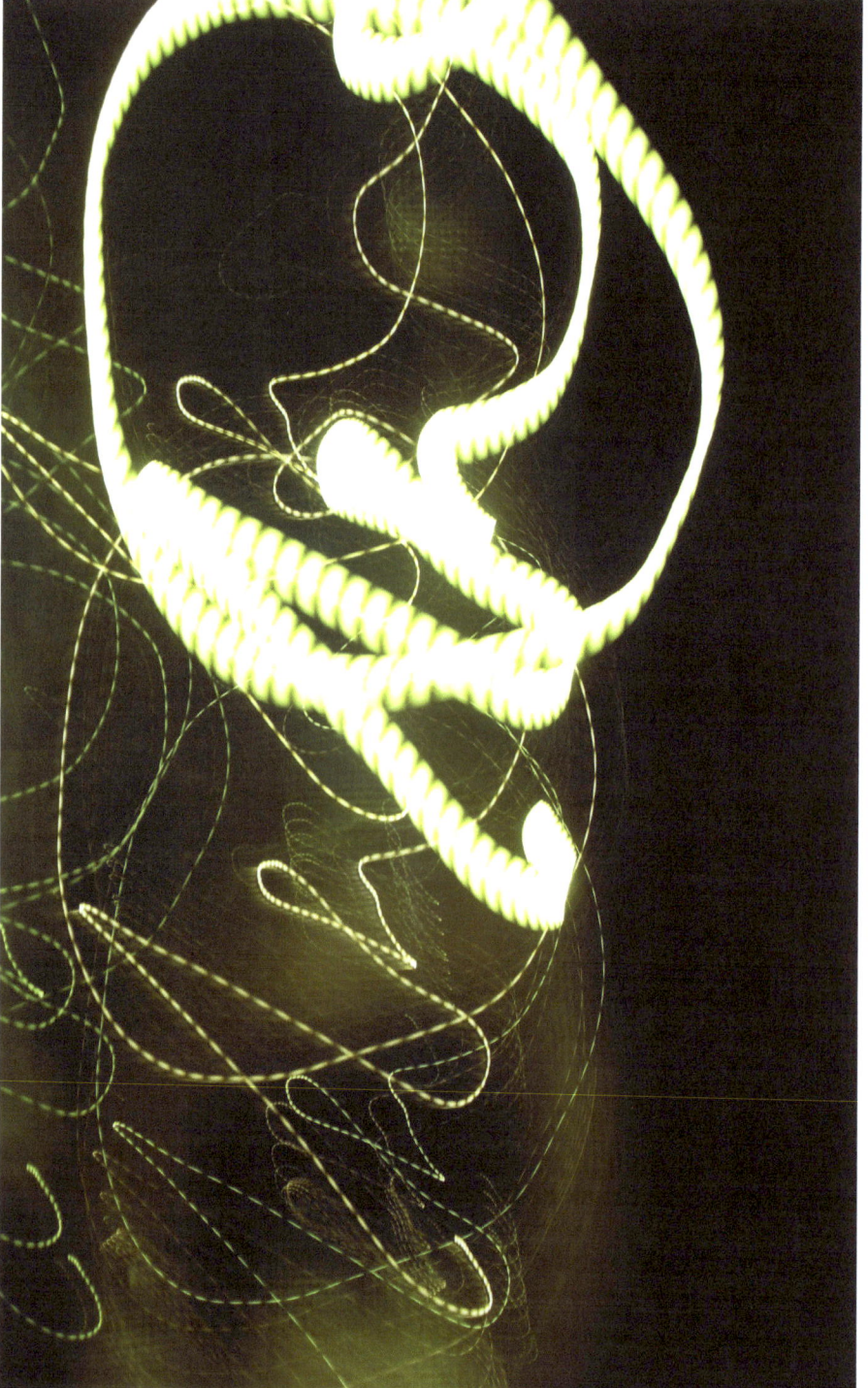

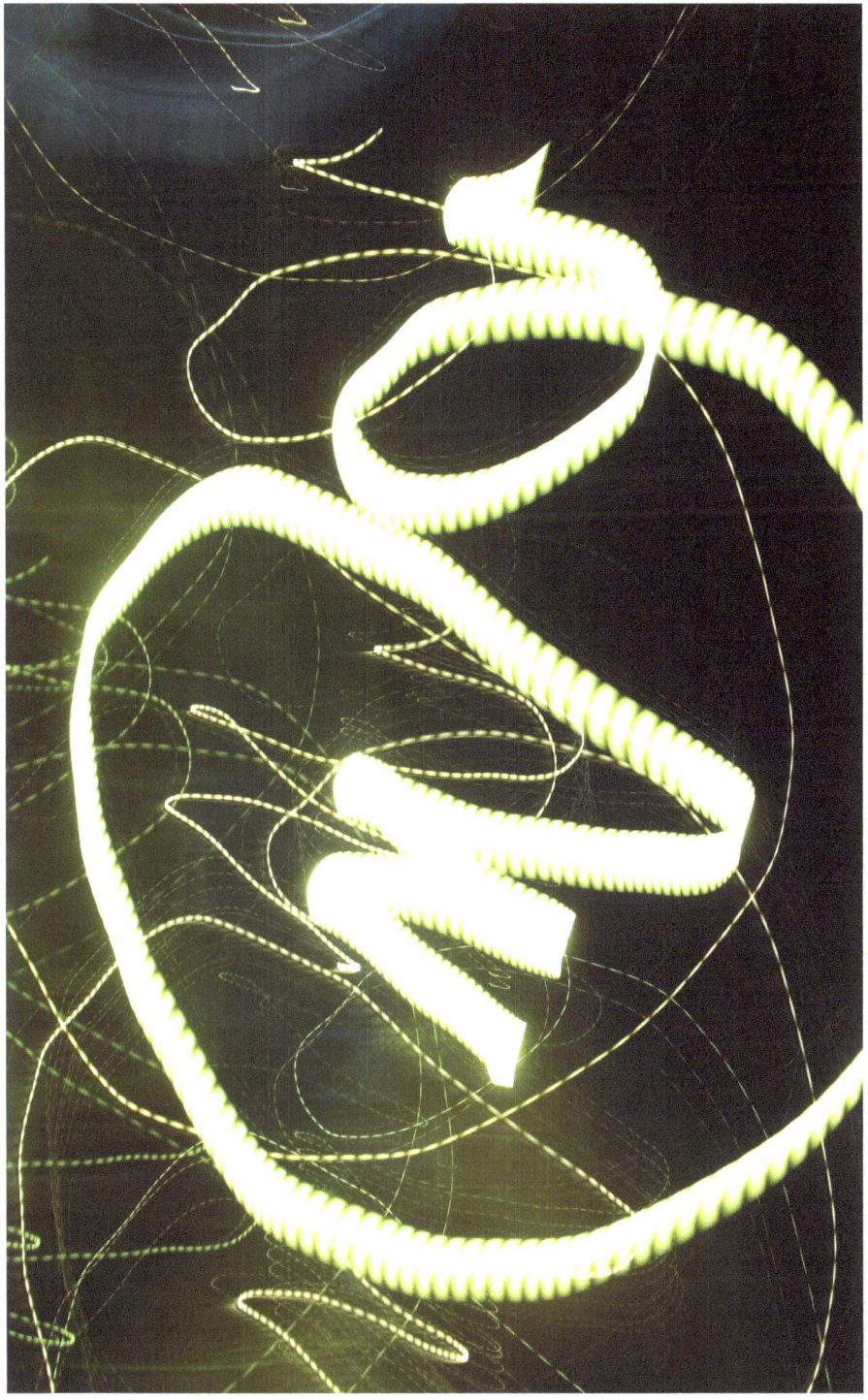

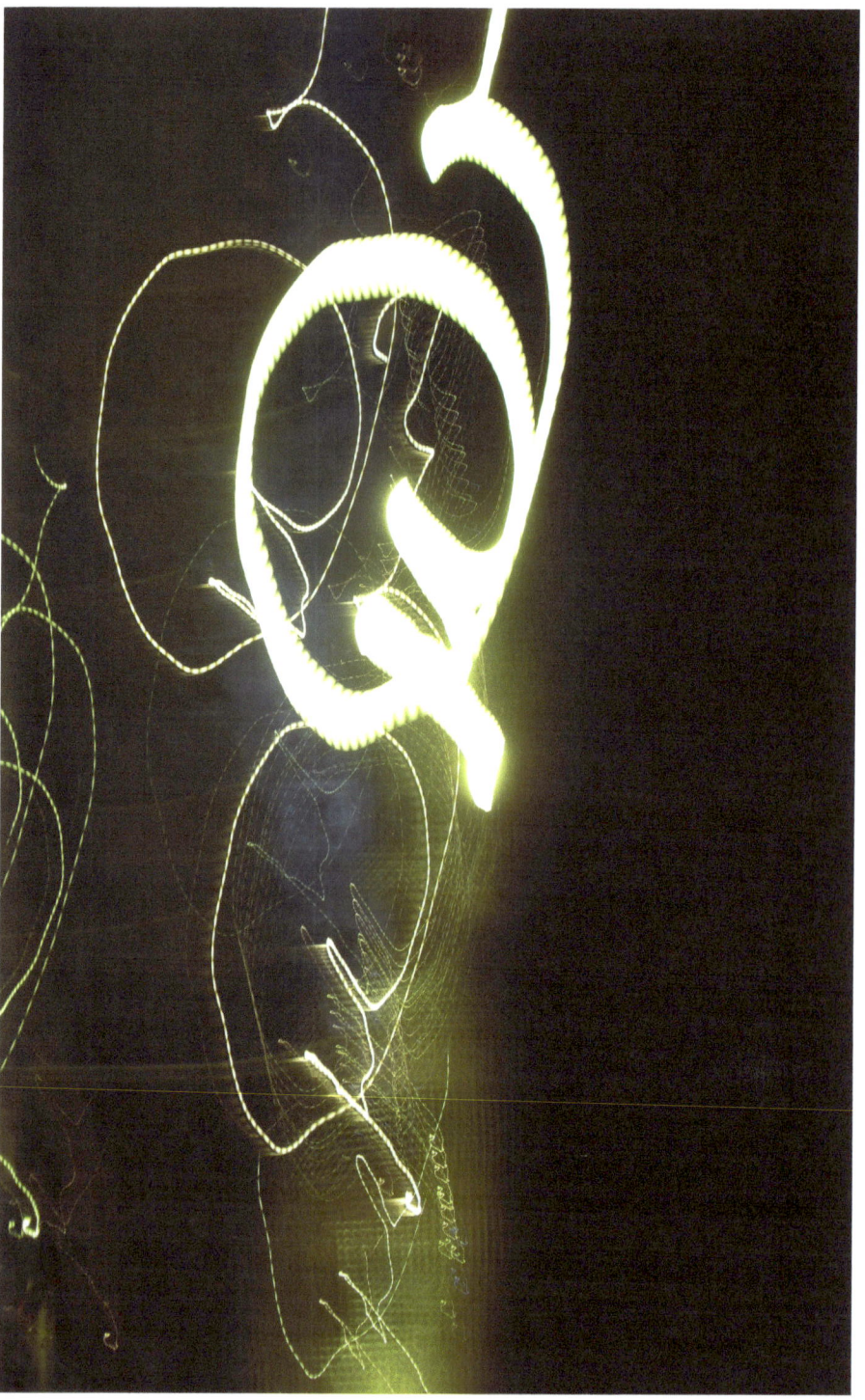

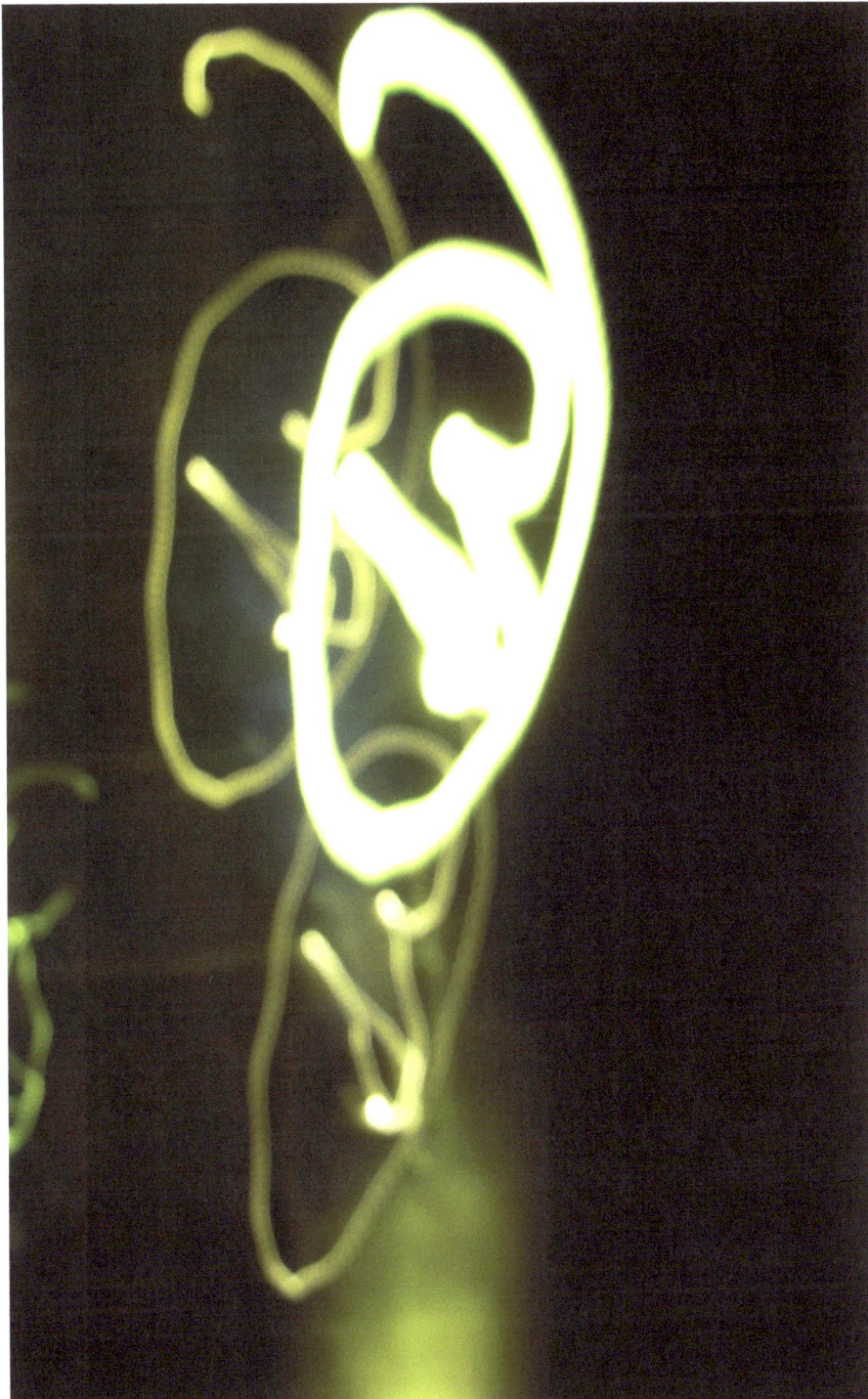

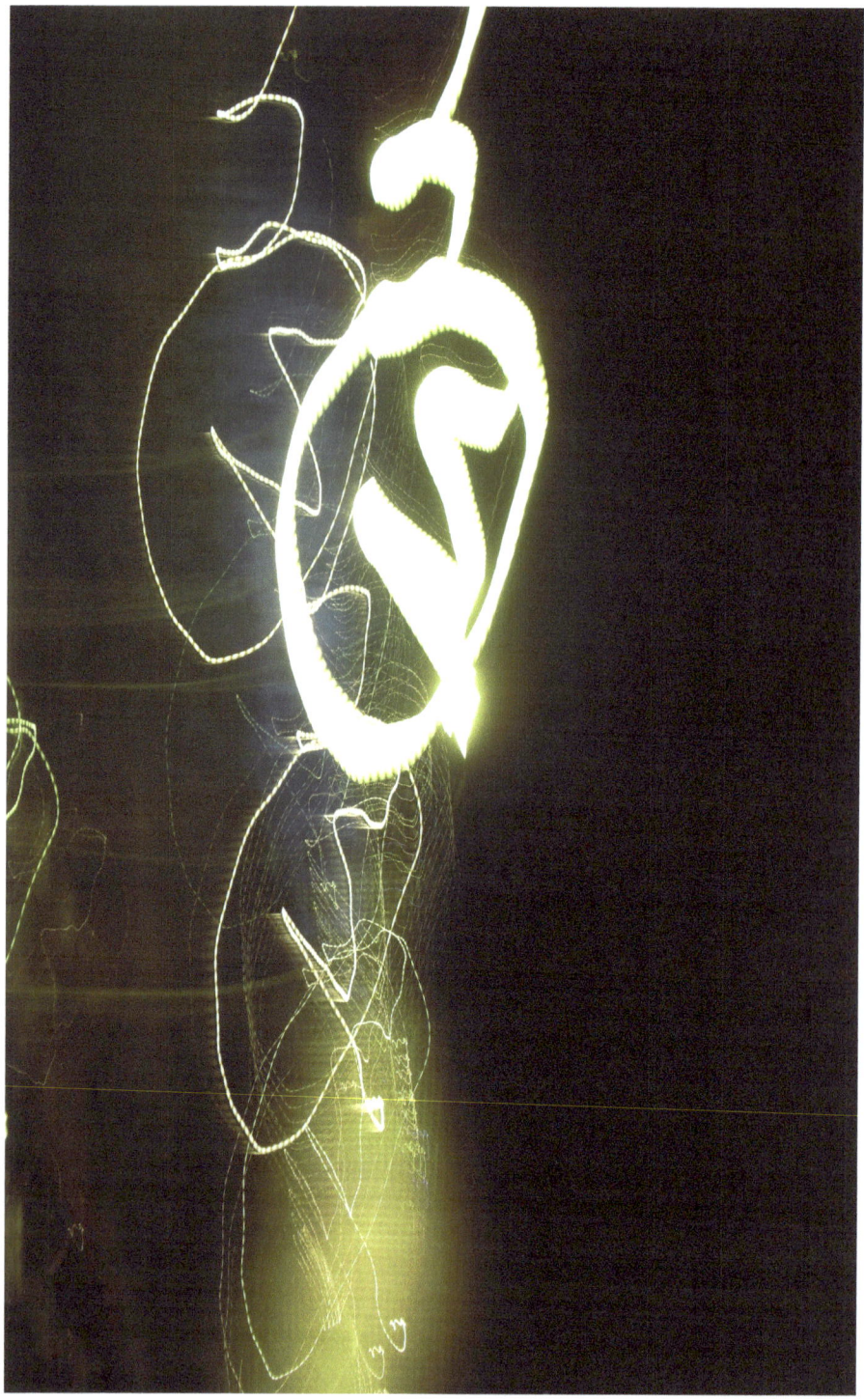

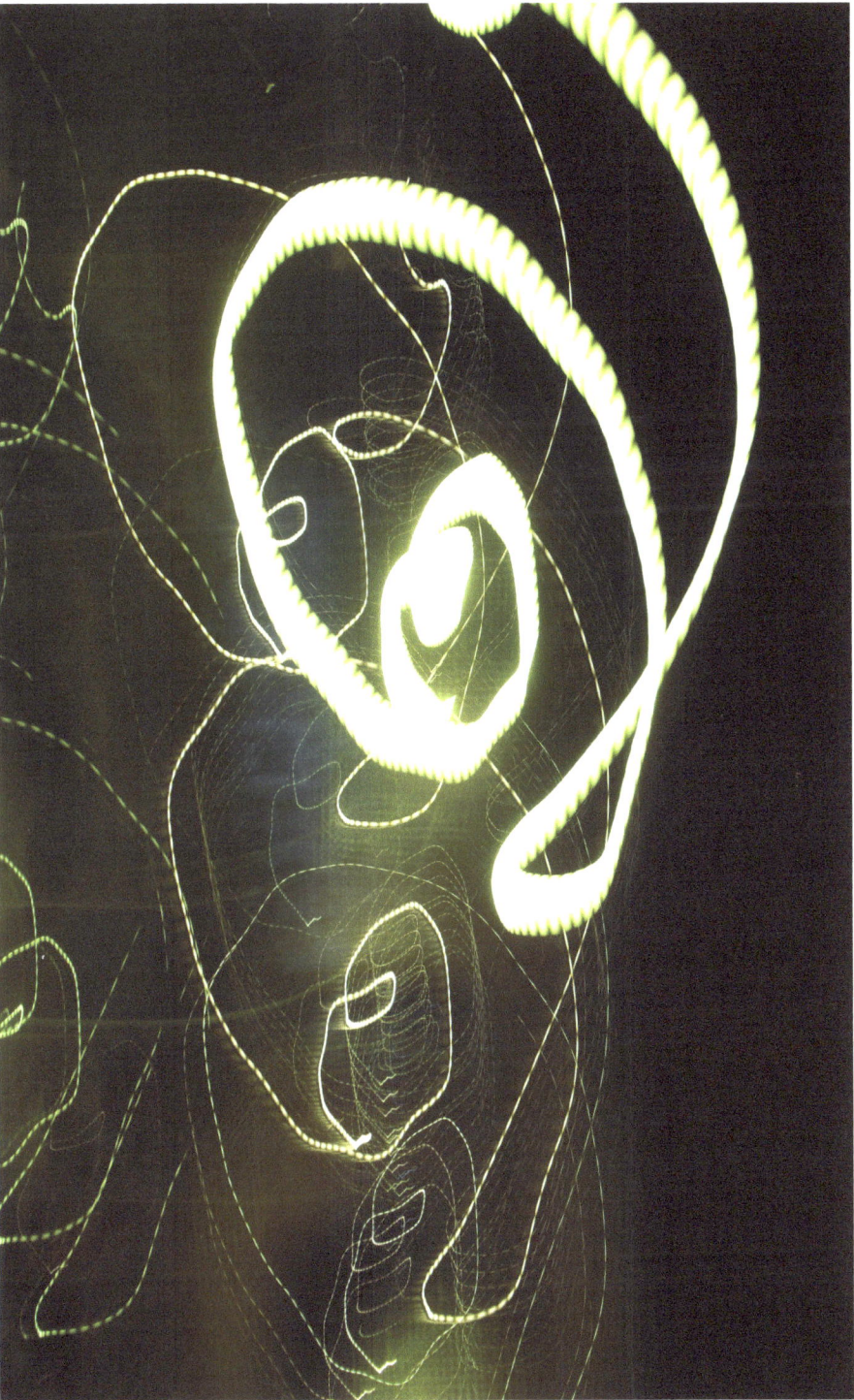

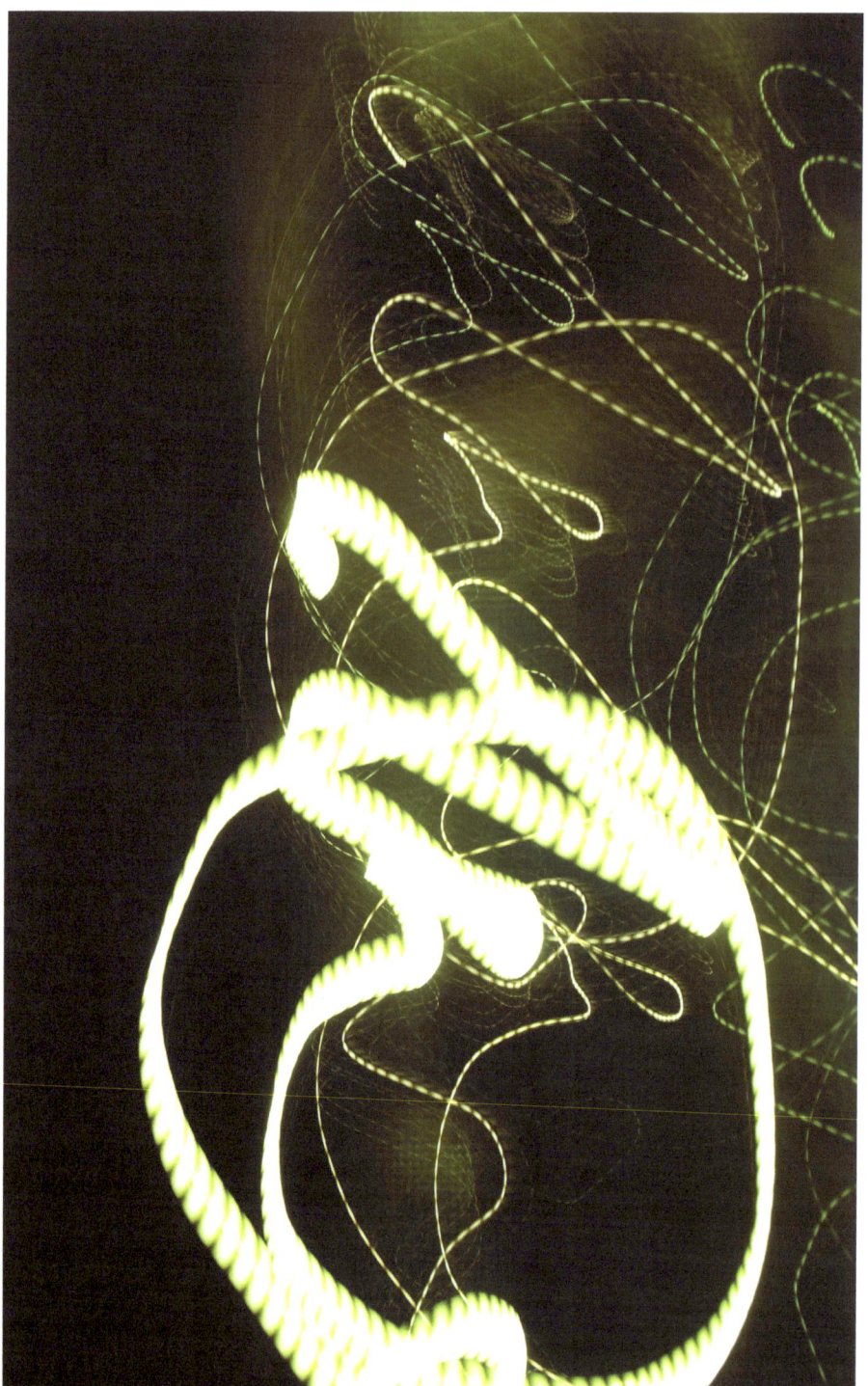

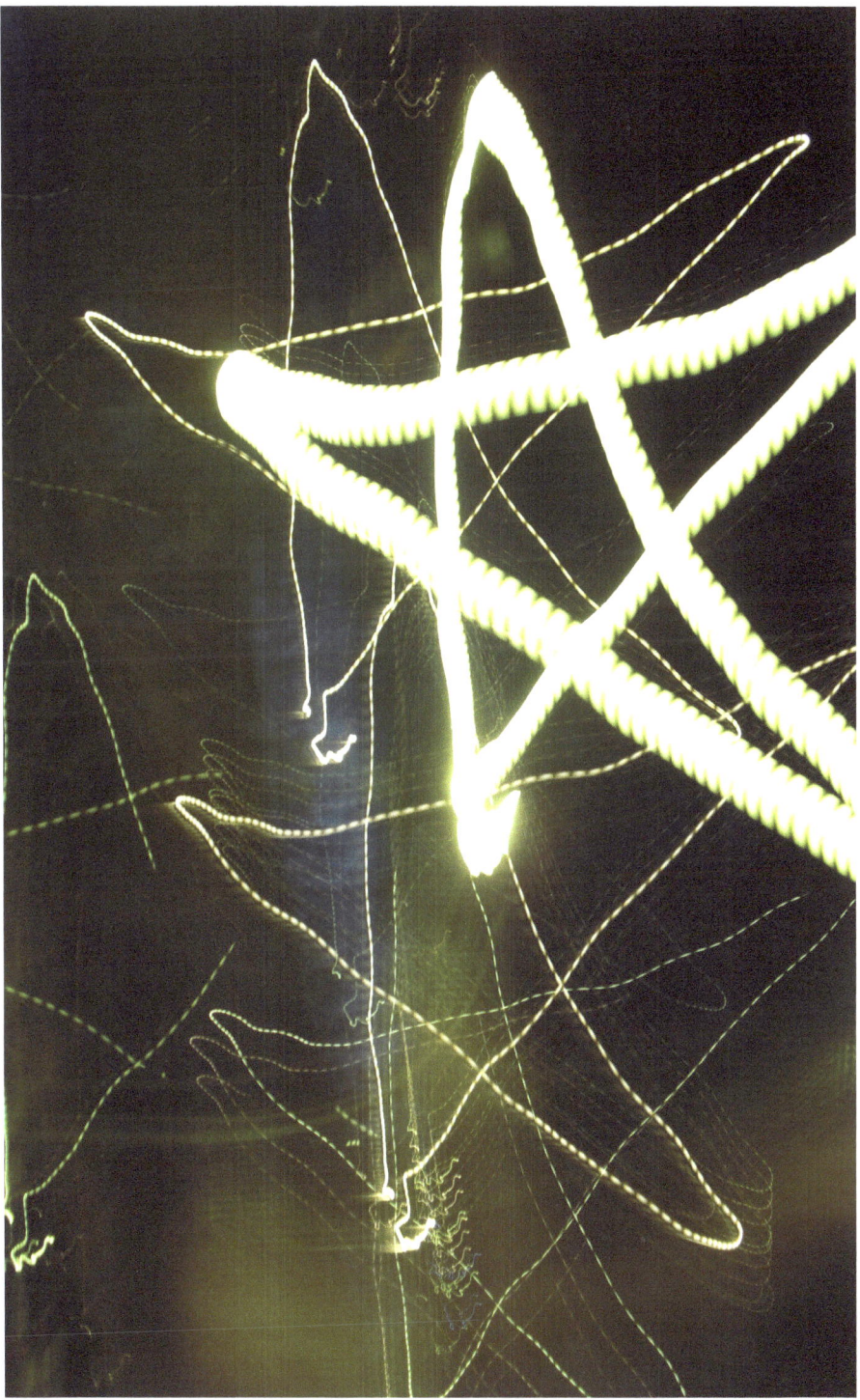

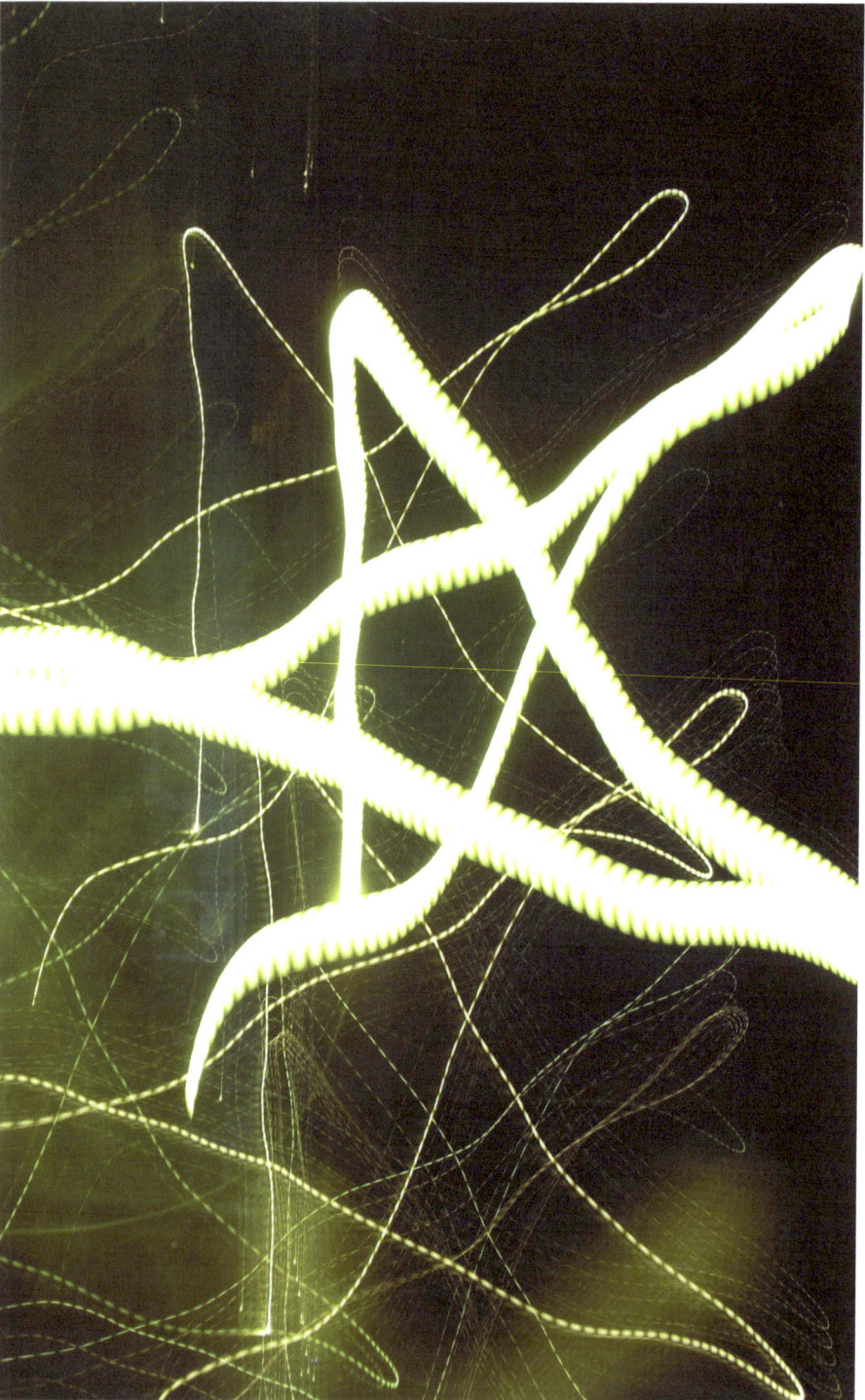

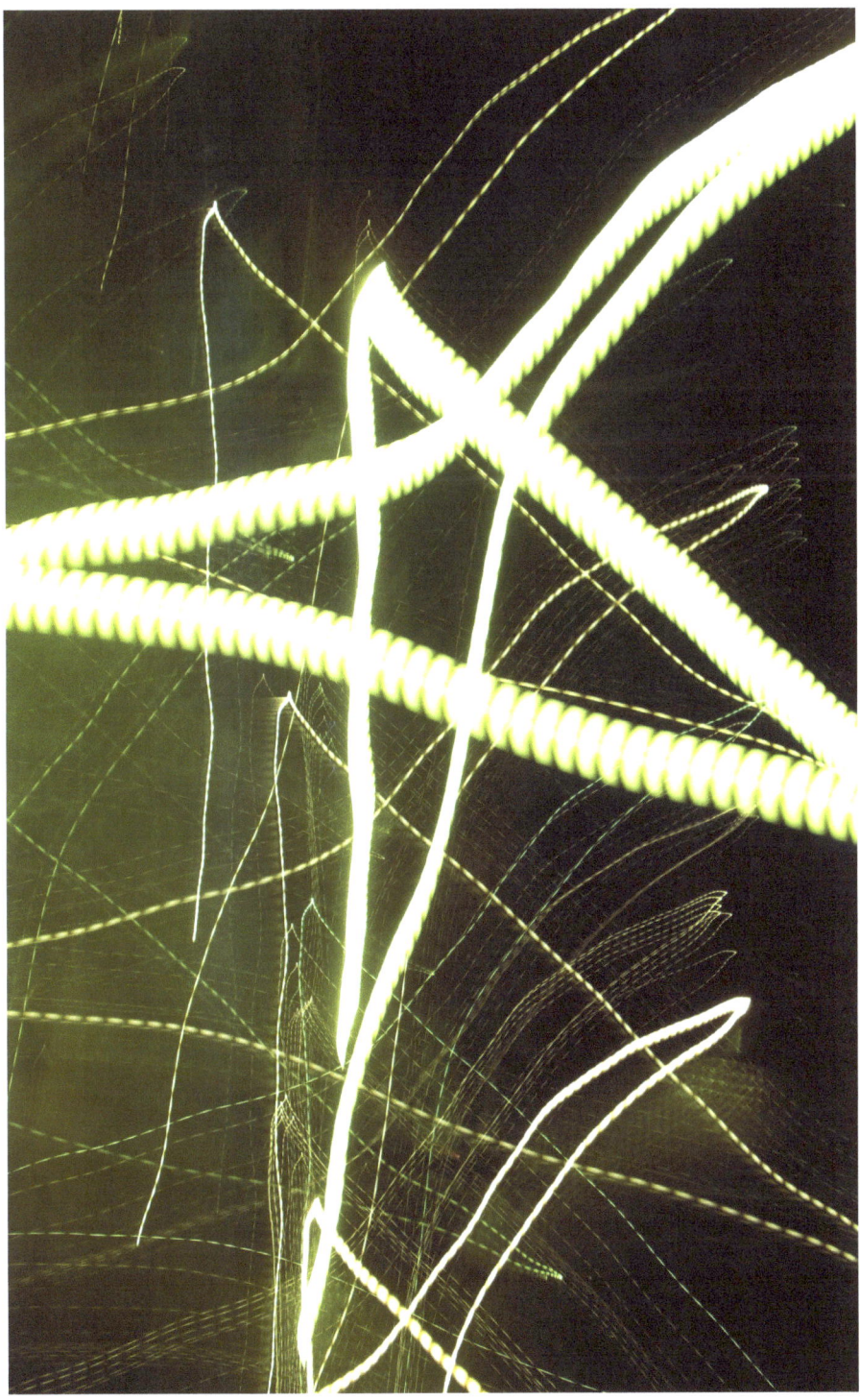

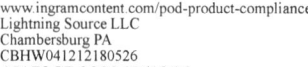